Andrea Lambart Schmidt
María José López López

La Triada Oscura de la Personalidad

Andrea Lambart Schmidt
María José López López

La Triada Oscura de la Personalidad

y las Tácticas de Retención de Pareja

Editorial Académica Española

Imprint
Any brand names and product names mentioned in this book are subject to trademark, brand or patent protection and are trademarks or registered trademarks of their respective holders. The use of brand names, product names, common names, trade names, product descriptions etc. even without a particular marking in this work is in no way to be construed to mean that such names may be regarded as unrestricted in respect of trademark and brand protection legislation and could thus be used by anyone.

Cover image: www.ingimage.com

Publisher:
Editorial Académica Española
is a trademark of
International Book Market Service Ltd., member of OmniScriptum Publishing Group
17 Meldrum Street, Beau Bassin 71504, Mauritius

Printed at: see last page
ISBN: 978-620-2-12061-6

AGRADECIMIENTOS

A la primera persona que quiero agradecer es a mi tutora María José López López, que sin su ayuda y sus conocimientos no hubiese podido realizar este proyecto.

A mi madre, por proporcionarme la mejor educación, sus valores y principios. Por enseñarme que con esfuerzo y constancia se puede llegar a lograr cualquier meta que uno se proponga, y sobre todo, por hacerme confiar en mis decisiones.

A todos los amigos que hoy en día siguen a mi lado tras los pasos de los años y a los nuevos que llegaron, que cada uno de ellos me regalan grandes momentos, por su apoyo e incondicionalidad.

Gracias a todos.

ÍNDICE

1. Resumen

El objetivo principal de este estudio ha sido analizar la Triada Oscura de la personalidad y las tácticas de retención de pareja en una muestra de población general. Asimismo, como objetivos específicos se plantea determinar la incidencia de los rasgos de la Triada en dicha muestra, así como estudiar la existencia de diferencias en las tácticas de retención de pareja utilizadas en función del sexo, situación sentimental y orientación sexual de los participantes. Se ha realizado un diseño transversal y se siguió una metodología selectiva ex post facto. La muestra estuvo compuesta por 229 personas de edades comprendidas entre 17 y 62 años y fue seleccionada mediante un muestreo accidental online. Para la recogida de datos se aplicaron tres cuestionarios; *The Dirty Dozen (DD), Mate Retention Inventory-Short Form (MRI-SF)* y Protocolo de recogida de información *sociodemográfica*. Los resultados obtenidos muestran que los hombres presentan mayor TRIOPE que las mujeres, que éstos aplican mayores tácticas de retención de pareja, y que las personas que conviven con su pareja utilizan más tácticas de retención de pareja.

Palabras clave: Triada Oscura, tácticas de retención de pareja, sexo.

Abstract

The main objective of this study has been analyzed in the Dark Triad personality and the retention tactics of couple in a sample of general population. Likewise, specific objectives are to determine the incidence of Triada traits in the sample, as well as to study the existence of differences in the retention tactics of couples based on sex, the emotional situation and the sexual orientation of the participants. A cross-sectional design was carried out and an ex post facto selective methodology was followed. The sample consisted of 229 people aged between 17 and 62 years and was selected by means of an accidental online sampling. For data collection, three questionnaires were applied; The Dirty Dozen (DD), Mate Retention Inventory Short-Form (MRI-SF) and Protocol for the Collection of Sociodemographic Information. The results obtained show that men present a greater TRIOPE than women, these apply greater retention tactics of couple, and that the people who live with their partner they use more retention tactics of couple.

Keywords: Dark Triad, couple retention tactics, sex.

2. Introducción

En los últimos años se ha observado un creciente interés en el estudio e investigación de la denominada por Paulhus y Williams (2002), *Dark Triad* o Triada Oscura de la personalidad (TRIOPE). Este constructo, integra tres de los rasgos de personalidad denominados por Kowalsky (2001) como "personalidades socialmente aversivas": Maquiavelismo, Narcisismo y Psicopatía (estos dos últimos referenciados "a nivel subclínico" (Paulhus & Williams, 2002). Estos rasgos se caracterizan por compartir la frialdad emocional y el engaño como elementos distintivos, teniendo en común las relaciones interpersonales de estos sujetos la escasa sensibilidad, el egoísmo y la maliciosidad (Jones & Paulhus, 2009).

En primer lugar, con respecto a la Psicopatía, el origen de su conceptualización viene dado por los primeros trabajos de Cleckley (1988) en los años 40. Éste postula que la psicopatía presenta una serie de rasgos afectivos, interpersonales y comportamentales que se caracterizan por una carencia de nerviosismo, insinceridad, incapacidad para amar, ausencia de remordimientos o culpa y una pobreza general de reacciones afectivas. No obstante, ha sido Hare (1996, 2003) el autor que operativizó dichas características, definiendo el constructo Psicopatía conformado por dos factores fundamentales. El factor I o Psicopatía primaria, que engloba principalmente características afectivas como son la grandiosidad, crueldad, la falta de empatía, culpa y remordimientos, la frialdad emocional y la capacidad de manipular a los demás. Por otro lado, el factor II o Psicopatía secundaria, que hace referencia a características más comportamentales, engloba un patrón de comportamiento más antisocial, inestable, impulsivo caracterizado por la versatilidad criminal (Levenson, Kiehl & Fitzpatrick, 1995).

De todos los sujetos con características psicopáticas muchos cometen algún delito de cualquier tipo (estafa, robo, homicidio, agresión,…) mientras que otros nunca llegan a estar en contacto con la justicia; este es el tipo denominado "Psicopatía subclínica o integrada" contemplado en la TRIOPE.

DeMatteo, Heilbrun y Marczyk (2006) realizaron una investigación con el objetivo de examinar la psicopatía en una muestra comunitaria. Encontraron que los rasgos psicopáticos subclínicos puntuaban más alto en el perfil de personalidad del factor I que en el perfil de comportamiento del factor II; esto hizo pensar que había una diferencia entre los rasgos psicopáticos subclínicos y los que no lo son, obteniendo los primeros una ausencia de comportamientos antisociales.

En cuanto al siguiente componente de la TRIOPE, Narcisismo, las personas con este rasgo se caracterizan por poseer un gran amor propio, una visión exageradamente positiva sobre sí mismo, además de creerse con el derecho de exigir y de que estas exigencias sean cumplidas (Twenge & Campbell, 2009). No obstante, en la literatura científica es posible identificar dos tipos de Narcisismo. Por una parte encontramos el denominado Narcisismo manifiesto o *"grandioso"* y por otro lado, el Narcisismo encubierto o *"vulnerable"*, identificados ambos con características específicas de personalidad. El primero incluye el deseo de mantener una imagen positiva de sí mismo, con tendencia a la exhibición y necesidad de admiración por parte de los demás. En segundo lugar, el "Narcisismo vulnerable" se caracteriza por la oscilación entre sentimientos de inferioridad y superioridad y poca confianza en sí mismo. De esta manera, el Narcisismo grandioso, se refiere a lo que es entendido como la persona narcisista en la sociedad en general, también llamado Narcisismo subclínico, mientras que el Narcisismo vulnerable es lo que se identifica como Narcisismo en la población clínica o trastorno de la personalidad narcisista (Miller & Campbell, 2008).

El Narcisismo a considerar dentro de la "Triada Oscura de Personalidad", es el Narcisismo grandioso o subclínico, caracterizado por falta de empatía, tendencia a la grandiosidad y a defenderse de las críticas hacia su persona, además de ser representado por una gran necesidad de exhibicionismo (Raskin & Terry, 1988).

Finalmente, el tercer componente de la TRIOPE, Maquiavelismo, tiene su origen en Nicolás Maquiavelo, cuando en 1513 escribe la obra "El príncipe", en la que expone la manera de adquirir y mantener el poder a través de la manipulación de los contextos sociales, teniendo como elemento central el propio interés (Wastel & Booth, 2003). Los primeros psicólogos que estudiaron el maquiavelismo como una variación importante del comportamiento humano fueron Christie y Geis en 1970 (Wastel & Booth, 2003; Wilson, Near & Miller, 1996). Para Christie y Geis (1970) estos manipuladores con éxito se caracterizarían por una falta de afecto en las relaciones interpersonales, falta de preocupación por los demás, ausencia de psicopatología importante y bajo compromiso ideológico (McHoskey, Worzel & Szyarto, 1998). Para algunos autores las personas maquiavélicas se caracterizan por el cinismo, la astucia y la manipulación de los demás (Christie & Geis, 1970; Fehr, Samson & Paulhus, 1992; Garzón & Seoane, 1996). Una revisión reciente sugiere que éstas se definen por comportamientos para asegurarse objetivos de compensación tales como el éxito personal en contra de las metas comunes, así como por tratar de ser un amigo deseable (Jones & Paulhus, 2009). Estas personas tienen pocas normas éticas y harán lo que sea necesario con tal de obtener éxito, siempre están atentos y expectantes con respecto a los demás, ya que desconfían de ellos en el sentido que pueden constituir un impedimento a la hora de conseguir sus objetivos (Dahling, Whitaker & Levy, 2009).

Al presentar las descripciones de cada uno de los tres constructos se ha podido observar que comparten ciertas características. Variando el grado, los tres suponen un carácter malevolente con tendencias de comportamiento hacia la auto-promoción, frialdad emocional, hipocresía y agresividad (Paulhus & Williams, 2002). Diferentes investigaciones llevadas a cabo sobre muestras no clínicas, (Halty & Prieto, 2011) han puesto de manifiesto la incidencia entre estos tres componentes de la TRIOPE en la población general. Hay algunos autores que consideran estas tres medidas como constructos equivalentes (McHoskey et al., 1998); otros mantienen que los tres constructos guardan una relación significativa pero no los podemos considerar equivalentes dada la moderada magnitud de la correlación entre ellos (Paulhus & Williams, 2002).

Un reciente estudio (Vize, Lynam, Collison, & Miller, 2016) examinó las redes nomológicas de cada componente de la TRIOPE a través de un meta-análisis de la literatura disponible. Los resultados que obtuvieron fueron que las redes nomológicas de la psicopatía y el maquiavelismo se superponen sustancialmente mientras que el narcisismo demuestra relaciones diferenciales en comparación con la psicopatía y el maquiavelismo. Éstos argumentan que la literatura actual sobre el maquiavelismo puede ser mejor entendida como una literatura de psicopatía secundaria.

Junto con el creciente auge que ha experimentado el estudio de la Triada Oscura de Personalidad, ha aumentado también el estudio de su evaluación, lo que ha llegado a un gran avance en este aspecto en los últimos años. Desde el influyente artículo de Paulhus y Williams (Paulhus & Williams, 2002), se han utilizado dos estrategias para su medición. El enfoque originario consistía en el uso de instrumentos independientes para la medida de cada uno de los constructos que la constituyen. En este sentido, en la evaluación del Narcisismo, el Inventario de Personalidad Narcisista (Narcissistic Personality Inventory, NPI: Raskin & Hall, 1979), de la Psicopatía la Self-Report Psychopathy Scale (SRP-III, Paulhus, Neumann, & Hare, en prensa), y del Maquiavelismo la Escala de Maquiavelismo (Machiavellianism Scale, MACH-IV; Christie & Geis, 1970).

No obstante, más recientemente se ha planteado la necesidad de elaborar pruebas sencillas y concisas que, sin tener que renunciar a la precisión, obtengan una medida fiable y válida del constructo en su conjunto. Para este fin surgen dos medidas de autoinforme específicas de evaluación de la TRIOPE de forma global en un solo inventario: la Dirty Dozen (DD, Jonason & Webster, 2010) y la Short Triad Dark (SD3, Jones & Paulhus, 2014). El DD (Jonason & Webster, 2010) es una prueba breve formada por 12 ítems (cuatro para cada factor de personalidad). A pesar de la limitación que supone su corta extensión (Smith, McCarthy & Anderson, 2000), los resultados indican que posee buenas características psicométricas. La otra medida de la Triada Oscura de Personalidad, la SD3 (Jones & Paulhus, 2013), consta de 27 ítems con un formato de respuesta tipo Likert, agrupados en tres factores de nueve elementos para cada elemento de la TRIOPE.

La TRIOPE, o alguno de sus componentes de forma aislada, ha sido estudiada dentro de la población general, normal y/o subclínica, así como en diversos contextos (laborales, relaciones de pareja, comportamiento genético,...) (Benning, Patrick, Blonigen, Hicks & Iacono, 2005; Hall & Benning, 2006; Jakobwitz & Egan, 2006). Por ejemplo, en contextos laborales (O'boyle, Forsyth, Banks, & Mcdaniel, 2012), encontraron que las reducciones en la calidad del desempeño laboral estaban asociadas con el maquiavelismo y la psicopatía y que el comportamiento laboral contraproducente (CWB) estaba asociado con los tres componentes de la TRIOPE, pero que estas asociaciones fueron moderadas por factores contextuales tales como autoridad y cultura. Como ejemplo, obtuvieron que la relación entre psicopatía y conductas inadecuadas en el trabajo era más pobre cuando éste otorgaba a los trabajadores un cierto valor de poder. Por otro lado, respecto al narcisismo, hallaron niveles más altos de éste en aquellas personas con TRIOPE que se encontraban en posiciones de autoridad -managers, líderes, jefes- los cuáles aparecían asociados con una menor calidad en los resultados de su trabajo. Además, algunos resultados indicaron que el narcisismo se relacionaba con un rendimiento laboral más escaso en aquellas culturas que tienen un alto nivel de colectivismo intragrupo y destacan la cohesión entre compañeros de trabajo, el deber hacia el grupo, la lealtad y relación entre pares. Otro estudio (Jonason, Slomski, & Partyka, 2012) investiga el contexto laboral en relación con la TRIOPE, observando las diferencias entre los rasgos de comportamiento de trabajadores con un bajo o alto cargo. Los trabajadores que obtuvieron altos niveles en la TRIOPE mostraron características como peor capacidad de trabajo en equipo, manipulación de los compañeros y de las situaciones. Los resultados indicaron que aquellos trabajadores con altos rasgos en la TRIOPE presentan problemas para cualquier empresa, supervisor y compañero de trabajo, por lo que saber identificarlos puede ayudar a tomar medidas preventivas a su contratación. Un estudio de Chabrol et. al. (2009) investiga la correlación que existe entre los componentes de la triada oscura de la personalidad y los comportamientos de los adolescentes asociados a la delincuencia juvenil. Encontraron correlaciones significativas positivas en ambos sexos entre los componentes de la TRIOPE y la búsqueda de sensaciones, la impulsividad, el mayor uso de alcohol, el cannabis y la delincuencia juvenil.

El presente estudio quiere ampliar las investigaciones respecto a la triada oscura de la personalidad en el contexto de relaciones de pareja, para observar si las características psicoemocionales y sociales de este se verifica en estas situaciones. En este sentido, las investigaciones han constatado que el tipo principal de malos tratos que pueden llevar a cabo estos tres tipos de personalidades en el ámbito de las relaciones de pareja es una violencia de carácter psicológico (Ali, Amorim & Chamorro-Premuzic, 2009; Ali & Chamorro-Premuzic, 2010). Salvo que, además, sean crónicamente antisociales, es rara la vez que emplean la violencia física para conseguir sus fines, aunque no implique que no la lleguen a utilizar si perciben que mediante sus habilidades psicoemocionales no obtienen sus objetivos (Hare, 1993; Pozueco, 2010), de modo que, en estos casos, las consecuencias para las víctimas podrían llegar a ser fatales (Garrido, 2000, 2001, 2004; Pozueco, 2011).

Teniendo en cuenta que ni los psicópatas, ni los narcisistas, ni los maquiavélicos son capaces de sentir empatía hacia las demás personas ni de mostrar genuino amor (Ali et al., 2009; Wai & Tiliopoulos, 2012) y que disfrutan confrontando psicológica y emocionalmente a las víctimas consigo mismas y con las demás personas que les rodean (Ali & Chamorro-Premuzic, 2010), se considera que el problema que aquí se presenta es importante tanto para la evaluación a nivel subclínico de estos tres perfiles de personalidad como posibles factores de riesgo de maltrato psicológico en las relaciones de pareja como de cara a la prevención de la violencia en la pareja en la comunidad.

Un estudio de Ali & Chamorro-Premuzic (2010) analiza, por primera vez, los subtipos de la psicopatía y el maquiavelismo en relación con la satisfacción de vida y las relaciones íntimas. Utilizando modelos de ecuaciones estructurales (SEM) en una muestra no clínica de hombres y mujeres, investigaron el grado de psicopatía primaria, psicopatía secundaria, maquiavelismo, género, orientación sociosexual y los componentes de las relaciones de pareja de intimidad, compromiso y pasión que explican la varianza en la satisfacción con la vida. Los resultados indicaron que el maquiavelismo se asoció negativamente con los componentes de la relación. De manera inesperada, la psicopatía primaria se asoció positivamente con los componentes de la relación y la psicopatía secundaria se asoció negativamente con la satisfacción de vida y la intimidad.

La investigación sobre la TRIOPE de la personalidad tiene especial interés en los déficits emocionales endémicos de la psicopatía integrada y el maquiavelismo, tales como la ansiedad, el reflejo de sobresalto modulado por la respuesta emocional, la percepción de las emociones, la empatía, la agresión y la inteligencia emocional (Austin, Farrelly, Black &

Moore, 2007; Gaizo & Falkenbach, 2008; Ali, Sousa & Chamorro-Premuzic, 2009).

Los rasgos psicopáticos, en muestras clínicas y no clínicas, están asociados con dificultades de relación y ruptura (Han, Weed & Butcher, 2003; Savard, Sabourin & Lussier, 2006), con infidelidad (Egan & Angus, 2004), con relaciones sexuales casuales y a corto plazo (Jonason, Luevano & Adams, 2012), con violencia doméstica (Holtzworth-Munroe, Meehan, Herron, Rehman & Stuart, 2003) y con actos de agresión sexual (Hersh & Gray-Little, 1998). Como aseveraban Ullrich, Farrington y Coid (2008), "la ausencia de remordimiento, la ausencia de empatía y la insensibilidad son contraproducentes para el estatus, el enriquecimiento y el éxito de las relaciones íntimas" (p. 1169).

Aunque hay mucha menos investigación que haya estudiado el maquiavelismo y las relaciones íntimas, la investigación disponible hasta la fecha indica que se asocia con la promiscuidad, con las actitudes sexuales hostiles y con diversas tácticas sexuales egoístas y engañosas –tales como la estafa, la divulgación de secretos sexuales íntimos, el fingir amor, la inducción a la intoxicación para obtener y asegurarse sexo y una aprobación del uso de la fuerza sexual– (McHoskey, 2001; Jonason, Li, Webster & Schmitt, 2009).

La mayoría de los estudios que utilizan medidas de autoinforme basadas en la psicopatía y el maquiavelismo sugieren que los hombres tienden a puntuar más alto que las mujeres (Zágon & Jackson, 1994; Wilson, Frick & Clements, 1999), aunque algunos estudios no han mostrado diferencias de género significativas en las puntuaciones de la psicopatía a través de autoinformes (Hamburger, Lilienfeld & Hogben, 1996). La investigación sobre la psicopatía y las relaciones de pareja tiende a centrarse en los hombres (Savard, Sabourin & Lussier, 2006), a pesar de que la evaluación de la psicopatía no clínica y del maquiavelismo en las mujeres podría aumentar el conocimiento sobre la potencial importancia teórica de estas características en ambos sexos (Ali & Chamorro-Premuzic, 2009). En cuanto a las relaciones íntimas, las primeras investigaciones a veces se han basado en medidas globales unidimensionales de la psicopatía (Han, Weed & Butcher, 2003; Holtzworth-Munroe, Meehan, Herron, Rehman & Stuart, 2003) que ignoran las potenciales diferencias entre la psicopatía primaria y secundaria.

En base a lo anteriormente expuesto, se plantea, este trabajo con el objetivo principal de analizar la Triada Oscura de la personalidad y las tácticas de retención de pareja en una muestra de población general. Asimismo, como objetivos específicos se plantea determinar la incidencia de los rasgos de la Triada en dicha muestra, así como estudiar la existencia de diferencias en las tácticas de retención de pareja utilizadas en función del sexo, situación sentimental y orientación sexual de los participantes.

3. Método

3.1. Participantes

En esta investigación, a través de un muestreo accidental online han participado un total de 229 personas de edades comprendidas entre 17 y 62 años (M= 27,26; DT= 8,68), de las cuales el 75,5% (173) son mujeres y el 24.5% (56) hombres. En cuanto al nivel de estudios, mayoritariamente los participantes han cursado estudios universitarios (67.7%) y medios (20,1%). Con respecto a su situación sentimental, el 73,4% tiene pareja (sin convivir con ella en el 38% de los casos y conviviendo en el 35,4%.) Por último, el 90% de los integrantes de la muestra son heterosexuales, el 5,2% bisexuales y el 4,8% homosexuales.

3.2. Instrumentos

Todos los participantes cumplimentaron los siguientes instrumentos:

-Protocolo de recogida de información *sociodemográfica*. Diseñado *ad hoc* para esta investigación, recoge información sobre sexo, edad, nivel de estudios, situación sentimental y orientación sexual.

-The Dirty Dozen (DD). Para evaluar los tres constructos que componen la TRIOPE (Psicopatía, Narcisismo y Maquiavelismo) se utilizó el Dirty Dozen (DD; Jonason & Webster, 2010). Se trata de una escala compuesta por 12 ítems, divididos en tres escalas, con un formato de respuesta escala de tipo Likert entre 1 y 7 puntos (de totalmente en desacuerdo a totalmente de acuerdo). Con una buena consistencia interna, alfa de Cronbach de 0,83 (Jonason & Webster, 2010), en este estudio se obtuvo una fiabilidad de 0,828.

-Mate Retention Inventory-Short Form (MRI-SF). Para evaluar las estrategias de retención de pareja que las personas emplean, se utilizó el Mate Retention Inventory-Short Form (MRI-SF) (Buss, Shackelford & McKibbin, 2008). Consta de 38 ítems con un formato de respuesta tipo Likert entre 0 y 3, agrupados en 19 subescalas o estrategias diferentes de retención de pareja (véase la tabla 1); con buenas propiedades psicométricas, alfa de Cronbach de 0,9, en este estudio se obtuvo una fiabilidad de $\alpha=0,882$.

3.3. Diseño

Este estudio es transversal y se siguió una metodología selectiva ex post facto.

3.4. Procedimiento

A través de Google Docs se elaboró la versión online de los tres instrumentos utilizados en este estudio, junto con el correspondiente consentimiento informado, procediéndose a continuación a su cumplimentación telemática.

Con respecto a la escala Dirty Dozen (Jonason & Webster, 2010) y el Mate Retention Inventory-Short Form (Buss, Shackelford & McKibbin, 2008) se procedió en primer lugar a su traducción a nuestro idioma y posteriormente la retrotraducción al inglés hasta alcanzar las versiones finales y definitivas que cumplimentaron los participantes.

3.5. Análisis Estadístico

Para el análisis estadístico se utilizó el paquete estadístico SPSS 21.0 para Apple. Se han realizado análisis descriptivos (medidas de tendencia central y dispersión), análisis comparativos (t de Student para muestras independientes, ANOVA de un factor, U de Mann-Whitney y H de Kruskal-Wallis para pruebas no paramétricas) y correlaciones bivariadas (r de Pearson).

4. Resultados

En primer lugar, en la tabla 1 se encuentran los análisis descriptivos obtenidos en el Dirty Dozen (Jonason & Webster, 2010) (puntuaciones máximas y mínimas, medias y desviaciones tipo), tanto en cuanto a la puntuación total como a las correspondientes subescalas (Maquiavelismo, Psicopatía y Narcisismo). Por otro lado, en cuanto a la prevalencia de la TRIOPE en la muestra estudiada, teniendo en cuenta el punto de corte establecido por Webster y Jonason (2013) (puntuación superior a 45 puntos) los resultados indican que un 12% (17 mujeres y 11 hombres) del total de participantes superan este valor. Por sexos, se encuentra que mientras que en hombres, el porcentaje relativo que presenta características de la TRIPOE asciende al 19,64%, en el caso de las mujeres, dicho porcentaje baja a algo menos de la mitad 9,82%.

Por otro lado, los hombres presentan un mayor resultado tanto en la puntuación total de Tríada (M=34,33; DT=13,12) como en sus respectivas escalas (Psicopatía: M=11,92, DT=4,82; Narcisismo: M=10,01, DT=5,66; Maquiavelismo: M=12,39, DT=4,29) que las mujeres, siendo dichas diferencias significativas en el caso de la puntuación total de la TRIOPE (t=-2,26; p=0,025) y el Narcisismo (t=-2,62; p=0,009).

En relación a la distribución de otras variables sociodemográficas (situación sentimental y orientación sexual), del 12% (28 personas) que presentan rasgos de Triada Oscura, el 17,9% (5) son personas que conviven con sus parejas, el 39,3% (11) tienen pareja pero no conviven con ella y el 42,9% (12) no tienen pareja; finalmente, el 82,1% (23) son heterosexuales, el 7,1% (2) homosexuales y el 10,7% (3) bisexuales.

Tabla 1. Análisis descriptivos de las escalas del Dirty Dozen

	Mínimo	Máximo	M	DT
Maquiavelismo	4	22	11,59	4,41
Psicopatía	4	24	11,02	4,74
Narcisismo	4	28	8,61	4,66
Total DD	12	69	31,23	11,91

N=229

Por otra parte, en la tabla 2 se presentan las 19 tácticas de retención de parejas medidas a través del *Mate Retention Inventory-Short Form* (Buss, Shackelford & McKibbin, 2008). Según los resultados obtenidos, de la totalidad de las tácticas contempladas en dicho instrumento, en la muestra estudiada predominan las siguientes: amor y cuidado (M= 4,44; DT= 1,45), señales físicas de posesión (M= 4,26; DT= 1,75) y alardear y/o exhibirse ante los demás (M= 3,24; DT= 1,74).

Tabla 2. Tácticas de retención de parejas evaluadas en el MRI-SF.

Vigilancia		Incentivos sexuales
Ocultamiento de la pareja	Mejoras en el aspecto	
Monopolizar el tiempo de la pareja	Amor y cuidado	
Inducción de celos	Sumisión y humillación	
Castigar las amenazas de infidelidad de la pareja	Señales verbales de posesión	
Manipulación emocional	Señales físicas de posesión	
Manipulación para ridiculizar antes los demás	Ornamentación posesiva	
Descalificar a los potenciales competidores	Descalificar a la pareja	
Violencia contra los rivales	Amenazas intrasexuales	
Alardear y/o exhibirse ante los demás		

Por otro lado, en la tabla 3 se muestran las correlaciones obtenidas entre las escalas del DD y las correspondientes del MRI-SF. Tal y como se observa, de las tácticas evaluadas, los resultados indican que cinco son las estrategias de retención de pareja que correlacionan con la TRIOPE y sus respectivas escalas: monopolizar el tiempo de la pareja, inducción de celos, castigar las amenazas de infidelidad de la pareja, manipulación emocional y descalificar a los potenciales competidores.

En relación a los diferentes componentes de la triada oscura, en dicha tabla, se puede observar que la escala de Maquiavelismo correlaciona significativamente con las cinco tácticas anteriores (monopolizar el tiempo: $r=0,222$, $p=0,001$; inducción de celos: $r=,0223$, $p=0,001$; castigar infidelidad $r=0,204$, $p=0,002$; manipulación emocional: $r=0,227$, $p=0,001$; descalificar competidores: $r=0,258$, $p=0,000$). La escala de Psicopatía obtiene un correlación significativa con monopolización del tiempo ($r=0,175$, $p=0,008$), manipulación del tiempo ($r=0,212$, $p=0,001$) y la descalificación a los competidores ($r=0,258$, $p=0,000$). Por último, la escala Narcicismo solo correlaciona significativamente con las tácticas de monopolizar el tiempo ($r=0,207$, $p=0,002$) y manipulación emocional ($r=0,252$, $p=0,000$). Finalmente la puntuación total de la TRIOPE, correlaciona significativamente con la monopolización del tiempo ($r=0,233$, $p=0,000$), la inducción de celos ($r=0,191$, $p=0,004$), castigar la infidelidad ($r=0,267$, $p=0,009$) y descalificación a los competidores ($r=0,256$, $p=0,000$).

Tabla 3. Correlaciones de Pearson entre escalas The Dirty Dozen (DD) y las 19 tácticas de retención de pareja.

	Maquiavelismo	Psicopatía	Narcisismo	Total DD
Monopolizar el tiempo	0,222*	0,175*	0,207*	0,233*
Inducción de celos	0,223*	-	-	0,191*
Castigar Infidelidad	0,204*	-	-	0,267*
Manipulación emocional	0,227*	0,212*	0,252*	-
Descalificar Competidores	0,258*	0,258*	-	0,256*

(*) p> el nivel de significación 0,01 (bilateral)

Por otra parte, con respecto a la posible influencia del sexo en las tácticas de retención de pareja utilizadas, se han encontrado diferencias significativas en la puntuación de la mejora de aspecto (t=-2,33; p=0,020) siendo de mayor utilización en hombres (M=3,16; DT=1,2) y la violencia a rivales (t=-2,62; p=0,009) siendo también superior en hombres (M=0,178; DT=0,741). En relación a los hombres y mujeres con rasgos de TRIOPE, se manifiesta una diferencia significativa en la táctica de inducción de celos (U=-2,34; p=0,019) siendo de mayor utilización en mujeres.

En cuanto a las tácticas de retención de pareja utilizadas en función de la situación sentimental de los integrantes de la muestra, los resultados indican que las estrategias de vigilancia (F=3,318; p=,038), monopolizar el tiempo de la pareja (F=3,81; p=0,024), manipulación para ridiculizar ante los demás (F=13.418; p=0,000), alardear y/o exhibirse antes los demás (F=8,96; p=0,000), sumisión y humillación (F=3,16; p=0,044) y las señales físicas de posesión (F=8,23; p=0,014) son utilizadas en mayor en medida por las personas que conviven con su pareja frente a las personas que no conviven con ella o que no tienen pareja. Por otro lado, las personas que no tienen pareja utilizan en mayor medida frente a las que sí la tienen (conviviendo o sin convivir) las tácticas de inducción de celos (F=3,103; p=0,047), descalificar la pareja (F=4,346; p=0,014) y la ornamentación posesiva (F=11,23; p=0,000). En relación a las personas con rasgos de TRIOPE se encuentran diferencias significativas en las tácticas de monopolizar el tiempo de la pareja (H=10,02; p=0,007) siendo más utilizada por personas con pareja y conviviendo con ésta la manipulación emocional (H=10,77; p=0,005) utilizada en mayor medida por personas con pareja pero que no están conviviendo con ella y la manipulación para ridiculizar ante los demás (H=6,93; p=0,041) utilizada preferentemente por personas con pareja y conviviendo con ésta.

Finalmente, tras la comparación de las tácticas de retención de pareja utilizadas en función de la orientación sexual, los resultados indican que existen diferencias estadísticamente significativas en la inducción de celos ($F=3,105$; $p=0,047$) y descalificación a la pareja ($F=5,019$; $p=0,007$), siendo utilizadas ambas en mayor medida en caso de participantes homosexuales. Respecto a las personas con rasgos de TRIOPE no se encontraron diferencias significativas en relación a las tácticas de retención de parejas utilizadas según los tres tipos de orientación sexual.

5. Discusión

El objetivo de este estudio fue analizar la Triada Oscura de la personalidad y las tácticas de retención de pareja en una muestra de población general. Además, como objetivos específicos se planteó determinar la incidencia de los rasgos de la Triada en dicha muestra, así como estudiar la existencia de diferencias en las tácticas de retención de pareja utilizadas en función del sexo, situación sentimental y orientación sexual de los participantes.

Después de analizar los resultados, se hace necesario destacar que la muestra presenta un 12% de TRIOPE, teniendo una distribución desigual entre ambos sexos. De hecho, hay una diferencia clara entre el número de hombres y mujeres que presentan rasgos de triada oscura, siendo mayoritario el número de hombres, obteniendo diferencias estadísticamente significativas en la total de la TRIOPE y el Narcisismo. Este resultado es coincidente con el estudio de Ali y Chamorro-Premuzic (2010) quienes obtienen en mayor medida niveles de rasgos oscuros en hombres que en mujeres. Al igual que el estudio de Jonason, Li y Buss (2010) el cuál halla diferencias significativas respecto a ambos sexos, siendo mayor la prevalencia de los rasgos de la triada en hombres. No obstante, aquellos trabajos que estudian las diferencias sexuales en los componentes de la TRIOPE, como el trabajo de Savard, Sabourin y Lussier (2006), encuentran que sobre todo la Psicopatía tiende a centrarse en hombres. De hecho, la mayoría de los estudios que utilizan medidas de autoinforme basadas en la Psicopatía y el Maquiavelismo sugieren que los hombres tienden a puntuar más alto que las mujeres (Zágon & Jackson, 1994; Wilson, Frick & Clements, 1999).

Por otro lado, en cuanto a las 19 tácticas de retención de pareja, se ha hallado que entre los integrantes de la muestra estudiada predominan tres estrategias: amor y cuidado, señales físicas de posesión y alardear y/o exhibirse antes los demás. Siguiendo esta línea, el análisis correlacional pone de manifiesto que a mayor puntuación en la escala total de triada oscura hay una mayor utilización de las tácticas de monopolizar el tiempo de la pareja, inducción de celos, castigar las amenazas de infidelidad de la pareja, manipulación emocional y descalificar a los potenciales competidores. Estos resultados no son del todo coincidentes con el estudio de Jonason, Li y Buss (2010), quienes obtuvieron que las puntuaciones en la TRIOPE correlacionaron con la mayoría de las tácticas de retención de la parejas, siendo las más características de los sujetos con TRIOPE las siguientes: castigar las amenazas de infidelidad de la pareja, alardear y/o exhibirse ante los demás, mejoras en el aspecto, señales verbales de posesión y violencia contra rivales. No obstante, esta coincidencia en sólo una estrategia (castigar las amenazas de infidelidad de la pareja) pueda ser debida al hecho de que Lis y Buss (2010) estudiaron los rasgos de la TRIOPE evaluando sus componentes de forma independiente.

Por otra parte, en cuanto a la posible influencia del sexo en las tácticas de retención, se encontraron diferencias estadísticamente significativas en las estrategias de mejora de aspecto y la violencia contra los potenciales rivales de sus parejas, siendo éstas más características de los hombres. Esto último, es contradictorio con el estudio de Jonason et al. (2010) ya que éstos no hallaron diferencias significativas en cuanto al género con respecto al empleo de este tipo de tácticas, pero sí un resultado que podría ser curioso comparándolo con los resultados obtenidos, puesto que en su trabajo "las mujeres presentaron un grado mayor que los hombres respecto al empleo de la violencia contra los potenciales rivales de sus propias parejas" (Jonason et al., 2010, p. 377). También, destacar que se encontró en mujeres con TRIOPE diferencias significativas, utilizando mayoritariamente éstas la táctica de inducción de celos.

En cuanto a la situación sentimental, destacan de la muestra en general aquellas personas que tienen pareja y están conviviendo con ellas como aquéllas que utilizan más tácticas de retención de pareja. En relación a las personas con TRIOPE, se obtiene que aquéllas personas que conviven con su pareja tienen una alta puntuación en las tácticas de monopolizar el tiempo de la pareja y la manipulación para ridiculizar ante los demás; sin embargo, la táctica de manipulación emocional fue mayoritaria en personas que tienen pareja pero no conviven con ella.

Por último, varias son las limitaciones a considerar en este estudio. En primer lugar, el tipo de muestreo, ya que al tratarse de un muestreo no probabilístico puede comprometer la generalización de los resultados obtenidos. Por otro lado, en cuanto a los instrumentos de evaluación utilizados (DD y el MRI-SF), se trata de escalas no adaptadas aún en la población española, por lo que no se disponen de datos sobre sus propiedades psicométricas en nuestro país. En este mismo sentido, en España no hay estudios que avalen la utilización del punto de corte utilizado para este estudio para la consideración de los rasgos de la TRIOPE.

Como recomendación para futuros estudios, se aconseja realizar una investigación con una muestra más amplia y representativa, con el fin de obtener una validez externa aceptable, así como la utilización de instrumentos adaptados a la población española.

6. Referencias

Ali, F., Amorim, I. S. & Chamorro-Premuzic, T. (2009). Empathy deficits and trait emotional intelligence in psychopathy and Machiavellianism. *Personality and Individual Differences, 47*(7), 758-762.

Ali, F. & Chamorro-Premuzic, T. (2010). The dark side of love and life satisfaction: Associations with intimate relationships, psychopathy and Machiavellianism. *Personality and Individual Differences, 48*(2), 228-233.

Austin, E. J., Farrelly, D., Black, C., & Moore, H. (2007). Emotional intelligence, Machiavellianism and emotional manipulation: Does EI have a dark side? *Personality and Individual Differences, 43,* 179–189. doi:10.1016/j.physletb.2003.10.071

Benning, S. D., Patrick, C. J., Blonigen, D. M., Hicks, B. M. & Iacono, W. G. (2005). Estimating facets of psychopathy from normal personality traits: A step toward community epidemiological investigations. *Assessment, 12*(1), 3-18.

Buss, D. M., Shackelford, T. K. & McKibbin, W. F. (2008). The mate retention inventory-short form (MRI-SF). *Personality and Individual Differences, 44,* 322-334.

Chabrol, H., Van Leeuwen, N., Rodgers, R., & Séjoumé, N. (2009). Contributions of psychopathic, narcissistic, maquiavellian, and sadistic personality traits to juvenile delinquency. *Personality and Individual Differences, 47*(7), 734-739.doi:10.1016/j.paid.2009.06.020

Christie, R. & Geis, F. (1970). *Studies in Machiavellianism.* Nueva York: Academic Press.

Cleckley, H. (1988). *The mask of sanity* (5th ed.). St. Louis: Mosby.

Dahling, J. J., Whitaker, B. G., & Levy, P. E. (2009). The development and validation of a new Machiavellianism scale. *Journal of Management, 35,* 219–257. doi:10.1177/0149206308318618

Del Gaizo, A. L., & Falkenbach, D. M. (2008). Primary and secondary psychopathic- traits and their relationship to perception and experience of emotion. *Personality and Individual Differences, 45,* 206–212.

DeMatteo, D., Heilbrun, K. & Marczyk, G. (2006). An empirical investigation of psychopathy in a non-institutionalized and non-criminal sample. *Behavioral Sciences y the Law, 24,* 133-146.

Egan, V. & Angus, S. (2004). Is social dominance a sex-specific strategy for infidelity? *Personality and Individual Differences, 36*, 575-586.

Fehr, B., Samsom, D. & Paulhus, D. L. (1992). The construct of Machiavellianism: Twenty years later. En C. D. Spielberger y J. N. Butcher (Ed.), *Advances in personality assessment* (pp. 77-116). Hillsdale, NJ: Erlbaum.

Garrido, V. J. (2000). *El psicópata: Un camaleón en la sociedad actual.* Alzira, España: Algar.

Garrido, V. J. (2001). *Amores que matan: Acoso y violencia contra las mujeres.* Alzira, España: Algar.

Garrido, V. J. (2004). *Cara a cara con el psicópata.* Barcelona, España: Ariel.

Garzón, A. & Seoane, J. (1996). *Técnicas y prácticas instrumentales en psicología.* Valencia, España: Promolibro.

Hall, J. R. & Benning, S. D. (2006). The "successful" psychopath: Adaptative and subclinical manifestations of psychopathy in the general population. En C. J. Patrick (Ed.), *Handbook of psychopathy* (pp. 459-478). New York, NY: The Guilford Press.

Halty, L. & Prieto, M. (2011). *Psicopatía subclínica y la triada oscura de la personalidad.* U.S.A: Editorial Académica Española.

Hamburger, M. E., Lilienfeld, S. O., & Hogben, M. (1996). Psychopathy, gender, and gender roles: Implications for antisocial and histrionic personality disorders. *Journal of Personality Disorders, 10*, 41–55.

Han, K., Weed, N. C. & Butcher, J. N. (2003). Dyadic agreement on the MMPI-2. *Personality and Individual Differences, 35*, 603-615.

Hare, R. D. (1993). *Without conscience: The disturbing world of the psychopaths among us*. New York, NY: Pocket Books.

Hare, R. D. (1996). Psychopathy: A clinical construct whose time has come. *Criminal Justice and Behavior, 23*(1), 25-54.

Hare, R. (2003). *Sin conciencia. El inquietante mundo de los psicópatas que nos rodean*. Barcelona, España: Paidós.

Hersh, K. & Gray-Little, B. (1998). Psychopathic traits and attitudes associated with self reported sexual aggression in college men. *Journal of Interpersonal Violence, 13*, 456-471.

Holtzworth-Munroe, A., Meehan, J. S., Herron, K., Rehman, U. & Stuart, G. L. (2003). Do subtypes of maritally violent men continue to differ over time? *Journal of Consulting and Clinical Psychology, 71*, 728-740.

Jakobwitz, S. & Egan, V. (2006). The dark triad and normal personality traits. *Personality and Individual Differences, 40*, 331-339.

Jonason, P. K., Li, N. P. & Buss, D. M. (2010). The costs and benefits of the Dark Triad: Implications for mate poaching and mate retention tactics. *Personality and Individual Differences, 48*, 373-378.

Jonason, P. K., Li, N. P., Webster, G. D. & Schmitt, D. P. (2009). The dark triad: Facilitating a short-term mating strategy in men. *European Journal of Personality, 23*, 5-18.

Jonason, P. K., Luevano, V. X. & Adams, H. M. (2012). How the Dark Triad traits predict relationship choices. *Personality and Individual Differences, 53*(3), 180- 184.

Jonason, P. K., Slomski, S., & Partyka, J. (2012). The Dark Triad at work: How toxic employees get their way. *Personality and Individual Differences, 52*(3), 449–453. doi:10.1016/j.paid.2011.11.008

Jonason, P. K., & Webster, G. D. (2010). The Dirty Dozen: A concise measure of the Dark Triad. *Psychological Assessment, 22*, 420-432.

Jones, D. N. & Paulhus, D. L. (2009). Machiavellianism. En M. R. Leary y R. H. Hoyle (Ed.), *Handbook of individual differences in social behavior* (pp. 93-108). New York, NY: Guilford Press.

Jones, D. N., & Paulhus, D. L. (2014). Introducing the Short Dark Triad (SD3): A brief measure of dark personality traits. *Assessment, 21,* 28–41. http://dx.doi.org/10.1177/1073191113514105

Kowalski, R. M. (Ed.). (2001). *Behaving badly: Aversive behaviors in interpersonal relationships.* Washington, DC: American Psychological Association.

Levenson, M. R., Kiehl, K. A., & Fitzpatrick, C. M. (1995). Assessing psychopathic attributes in a noninstitutionalized population. *Journal of Personality and Social Psychology, 68,* 151–158. doi:10.1037/0022- 3514.68.1.151

McHoskey, J. W., Worzel, W. & Szyarto, C. (1998). Machiavellianism and psychopathy. *Journal of Personality and Social Psychology, 74*, 192-210.

McHoskey, J. W. (2001). Machiavellianism and personality dysfunction. *Personality and Individual Differences, 31*, 791-798.

Miller, J., & Campbell, W. (2008). Comparing clinical and social-personality conceptualizations of narcissism. *Journal of Personality, 76*, 449–476.

O'Boyle, E. H., Jr., Forsyth, D. R., Banks, G. C., & McDaniel, M. A. (2012). A meta-analysis of the dark triad and work behavior: a social exchange perspective. *Journal of Applied Psychology, 97*(3), 557-579.

Paulhus, D. L., Neumann, C. F., & Hare, R. D. (en prensa). *Manual for the Self-Report Psychopathy Scale (SRP-III)*. Toronto, Ontario, Canada: Multi-Health Systems.

Paulhus, D. L. & Williams, K. M. (2002). The dark triad of personality: Narcissism, machiavellianism, and psychopathy. *Journal of Research in Personality, 36*, 556- 563.

Pozueco, J. M. (2010). *Psicópatas integrados: Perfil psicológico y personalidad*. Madrid: EOS Psicología Jurídica.

Pozueco, J. M. (2011). *Psicopatía, trastorno mental y crimen violento: Aspectos clínico-forenses, médico-legales y criminológicos*. Madrid: EOS.

Raskin, R., & Hall, C. (1979). A Narcissistic Personality Inventory. *Psychological Reports.,45,* 590.

Raskin, R & Terry, H. (1988). A Principal-Components Analysis of the Narcissistic Personality Inventory and Further Evidence of Its Construct Validity. *Journal of Personality and Social Psychology, 54* (5), 890-902.

Savard, C., Sabourin, S. & Lussier, Y. (2006). Male sub-threshold psychopathic traits and couple distress. *Personality and Individual Differences, 40*, 931-942.

Twenge, J. M., & Campbell, W. K. (2009). *The narcissism epidemic: Living in the age of entitlement.* New York: Free Press.

Ullrich, S., Farrington, D. P. & Coid, J. W. (2008). Psychopathic personality traits and life-success. *Personality and Individual Differences, 44*, 1162-1171.

Vize, C. E., Lynam, D. R., Collison, K. L., & Miller, J. D. (2016). Differences Among Dark Triad Components: A Meta-Analytic Investigation. *Personality Disorders: Theory, Research, and Treatment.* Advance online publication. http://dx.doi.org/10.1037/per0000222

Wai, M. & Tiliopoulos, N. (2012). The affective and cognitive empathic nature of the dark triad of personality. *Personality and Individual Differences, 52*(7), 794-799.

Wastel, C. & Booth, A. (2003). Machiavellianism: an alexithymic perspective. *Journal of Social y Clinical Psychology, 22*, 730-744.

Webster, G. D. & Jonason, P. K. (2013). Putting the "IRT" in "Dirty": Item Response Theory analyses of the Dark Triad Dirty Dozen–An efficient measure of narcissism, psychopathy, and Machiavellianism.

Personality and Individual Differences, 54 (2): 302-306.

Wilson, D., Frick, P., & Clements, C. (1999). Gender, somatization, and psychopathic traits in a college sample. *Journal of Psychopathology and Behavioral Assessment, 21*, 221–235.

Wilson, D. S., Near, D. & Miller, R. R. (1996). Machiavellianism: a synthesis of the evolutionary and psychological literatures. *Psychological Bulletin, 119*, 285-299.

Zágon, I. K., & Jackson, H. J. (1994). Construct validity of a psychopathy measure. *Personality and Individual Differences, 17*, 125–135.

7. Anexos

Variables sociodemográficas:

Instrucciones:

Por favor, indique con una cruz las siguientes cuestiones.

Sexo: M____   H____

Edad: ________

Pareja conviviendo________   Sin pareja ________

Pareja sin convivir________

Nivel de estudios________

Orientación Sexual:

  -Heterosexual ______

  -Homosexual ______

  -Bisexual   ______

MRI-SF (Male, self-report version)

Instrucciones:

En las páginas siguientes se enumeran una serie de actos o
comportamientos. En este estudio, estamos interesados en los actos que las
personas realizan en el contexto de su relación con su pareja romántica.
Para cada acto, utilice la siguiente escala para indicar la frecuencia con la
que ha realizado el acto en el último año:

0 = Nunca realizaron este acto

1 = Rara vez realizan este acto

2 = A veces realizan este acto

3 = realiza a menudo este acto

Por favor, escriba en el espacio en blanco a la izquierda de cada elemento
el número que mejor representa la frecuencia con la que ha realizado el
acto en el último año. Por ejemplo, si usted nunca ha realizado el acto en el
último año, escriba un " 0 " en el espacio en blanco a la izquierda del
elemento.

1. ___1. He llamado a mi pareja para asegurarme de que estaba donde dijo
que iba a estar.

2. ___2. No he llevado a mi pareja a una fiesta donde otros/as
hombres/mujeres estarían presentes.

3. ___3. He insistido en que mi pareja pasara todo su tiempo libre conmigo.

4. ___4. He hablado con otro/a hombre/mujer en una fiesta para hacer que
mi pareja estuviera celoso/a.

5. ___5. He llegado a enfadarme cuando mi pareja coqueteaba demasiado.

6. ___6. Supliqué a mi pareja que no podía vivir sin ella.

7. ___7. Dije a mi pareja que era necesario tener un compromiso total el
uno con el otro.

8. ___8. He remarcado a mi pareja los defectos de otro/a hombre/mujer.

9. ___9. He comprado a mi pareja un regalo caro.

10. ___10. He realizado favores sexuales para mantener a mi pareja junto a
mi.

11. ___11. He realizado algún cambio en mi aspecto para mi pareja

12. ___12. He halagado a mi pareja por su apariencia.

13. ___13. He cedido a cada deseo de mi pareja.

14. ___14. He dicho a mis amigos del mismo sexo cómo de enamorados estábamos mi pareja y yo.

15. ___15. He rodeado con el brazo a mi pareja delante de los demás.

16. ___16. He propuesto a mi pareja que llevara mi anillo.

17. ___17. He dicho a otras personas que mi pareja era un fastidio.

18. ___18. He mirado desafiante a un/a hombre/mujer que estaba mirando a mi pareja.

19. ___19. Pedí a mis amigos que golpearan a alguien que estaba interesado en mi pareja

20. ___20. He husmeado las pertenencias personales de mi pareja.

21. ___21. He alejado a mi pareja de un grupo en el que estaban hombres/mujeres reunidos con ella.

22. ___22. He gastado todo mi tiempo libre con mi pareja, de modo que ella no podría conocer a nadie más.

23. ___23. He mostrado interés en otra persona para hacer que mi pareja se enfadara.

24. ___24. He amenazado con romper la relación si mi pareja alguna vez me engañara.

25. ___25. He dicho a mi pareja que era dependiente de ella.

26. ___26. He pedido a mi pareja que se casara conmigo.

27. ___27. He dicho a mi pareja que otro/a hombre/mujer era estúpido/a.

28. ___28. He llevado a mi pareja a un buen restaurante.

29. ___29. He mantenido una relación física con mi pareja para profundizar nuestra unión.

30. ___30. Me aseguré en verme bien para mi pareja.

31. ___31. He demostrado mayor afecto por mi pareja.

32. ___32. He estado de acuerdo con todo lo que dice mi pareja.

33. ___33. He presumido de mi pareja con otras persona.

34. ___34. He cogido de la mano a mi pareja mientras que otras personas estaban alrededor.

35. ___35. Le he dado joyas a mi pareja para simbolizar nuestro compromiso

36. ___36. He dicho a otras personas que mi pareja no era una buena persona.

37. ___37. He mirado mal a una persona cuanto ésta miraba a mi pareja.

38. ___38. He abofeteado a una persona que flirteaba con mi pareja.

The Dirty Dozen (DD)

Instrucciones:

Por último, encontrarás una serie de afirmaciones sobre ti. Por favor, lee cada una de estas afirmaciones y decide en qué medida estás de acuerdo o no con ellas. A continuación, elije tu respuesta usando la siguiente escala:

1= Totalmente en desacuerdo
2= En desacuerdo
3= Indeciso pero más bien desacuerdo
4= Indeciso, ni de acuerdo ni en desacuerdo
5= Indeciso pero más bien de acuerdo
6= De acuerdo
7= Totalmente de acuerdo

1. Tiendo a carecer de remordimiento ____

2. Tiendo a ser insensible o desconsiderado ____

3. tiendo a manipular a otros para conseguir mis objetivos____

4. Tiendo a querer que otros me admiren____

5. tiendo a querer que otros me presten atención____

6. Tiendo a buscar el prestigio o estatus____

7. Tiendo a esperar favores especiales de los demás____

8. Tiendo a aprovecharme de los demás para mi propio fin____

9. He utilizado el engaño o mentido para conseguir mis objetivos____

10. Suelo utilizar la adulación para conseguir mis objetivos____

11. Tiendo a no estar demasiado preocupado por la moralidad de mis acciones____

12. Tiendo a ser cínico____

yes
I want morebooks!

Buy your books fast and straightforward online - at one of the world's fastest growing online book stores! Environmentally sound due to Print-on-Demand technologies.

Buy your books online at

www.get-morebooks.com

¡Compre sus libros rápido y directo en internet, en una de las librerías en línea con mayor crecimiento en el mundo! Producción que protege el medio ambiente a través de las tecnologías de impresión bajo demanda.

Compre sus libros online en

www.morebooks.es

SIA OmniScriptum Publishing
Brivibas gatve 1 97
LV-103 9 Riga, Latvia
Telefax: +371 68620455

info@omniscriptum.com
www.omniscriptum.com

Printed by Books on Demand GmbH, Norderstedt / Germany